L'HÉROÏNE AMÉRICAINE,

PANTOMIME

EN TROIS ACTES;

Par M. ARNOULD.

Représentée, pour la première fois, sur le Théatre de l'Ambigu-Comique, à la Foire Saint-Germain, le 16 Mars 1786.

Prix douze sols.

A PARIS,

Chez GUILLOT, Libraire de MONSIEUR, frère du Roi, rue Saint-Jacques, vis-à-vis celle des Mathurins.

M. DCC. LXXXVI.

AVERTISSEMENT
NÉCESSAIRE.

LE trait suivant, rapporté dans l'*Histoire Philosophique & Politique des Etablissemens & du Commerce des Européens dans les deux Indes*, a fourni le sujet de cette Pantomime. Voyez tome V, page 271.
« Des Anglois débarqués sur les Côtes
» du Continent pour y faire des Escla-
» ves, furent découverts par les Caraïbes
» qui servoient de butin à leurs courses.
» Ces Sauvages fondirent sur la troupe
» ennemie, qu'ils mirent à mort ou en
» fuite. Un jeune homme, long-temps

» pourſuivi, ſe jetta dans un bois. Une
» Indienne l'ayant rencontré, ſauva ſes
» jours, le nourrit ſecrétement, & le
» reconduiſit après quelque temps ſur les
» bords de la mer. Ses Compagnons y
» attendoient à l'ancre ceux qui s'étoient
» égarés : la chaloupe vint le prendre.
» Sa libératrice voulut le ſuivre au vaiſ-
» ſeau. Dès qu'ils furent arrivés à la
» Barbade, le monſtre vendit celle qui
» lui avoit conſervé la vie, qui lui avoit
» donné ſon cœur avec tous les ſenti-
» mens & tous les tréſors de l'amour.
» Pour réparer l'honneur de la Nation
» Angloiſe, un de ſes Poëtes a dévoué
» lui-même à l'horreur de la poſtérité ce
» monument infâme d'avarice & de perfi-
» die. Pluſieurs langues l'ont fait déteſter
» des Nations ».

NÉCESSAIRE.

On a suivi, le plus qu'il a été possible, ce sujet historique; les changemens qu'on s'est permis, étoient nécessités par l'action théatrale.

PERSONNAGES.

INKLE.   Le St Talon.
UN CAPITAINE de Vaisseau
     Anglois,   Le St Jaimon.
JARIKA,   La D^{lle} Julie.
UN CHEF de Sauvages,   Le St Varennes.
TROUPE DE SOLDATS ANGLOIS.
TROUPE DE SAUVAGES.

La Scène est en Amérique.

L'HÉROÏNE AMÉRICAINE,
PANTOMIME.

ACTE PREMIER.

Le Théatre représente une Forêt. Dans le fond, & sur le côté gauche, est une Cabane.

SCENE PREMIERE.

INKLE, à la tête de quelques Soldats, conduit deux Femmes Caraïbes enchaînées. Ils traversent la forêt, & dirigent leurs pas du côté de la mer.

SCENE II.

Jarika sort avec précaution de sa cabane, & cherche d'où provient le bruit qu'elle a entendu. Elle apperçoit Inkle arrêté dans sa marche par les Sauvages, & se retire promptement dans sa cabane.

SCENE III.

Inkle, les cheveux en désordre, & son épée rompue dans les mains, revient sur ses pas, & traverse précipitamment la forêt, poursuivi par une troupe de Sauvages.

SCENE IV.

Jarika sort de sa cabane, & suit des yeux l'Officier Anglois, au sort duquel elle paroît par degrés prendre le plus vif intérêt. Son geste exprime combien elle appréhende qu'il ne tombe entre les mains de ses ennemis. Le moment lui paroissant favorable, elle s'élance dans la forêt, dans le dessein de le délivrer.

SCENE V.

Les Sauvages, qui étoient à la poursuite d'Inkle, reviennent & paroissent furieux de ce que l'ennemi leur est échappé. Après avoir visité la cabane de Jarika & ses environs, ils disparoissent en continuant leurs recherches.

SCENE VI.

Jarika s'avance, & suit de l'œil les Sauvages. Sa joie éclate en voyant qu'elle a sauvé les jours de celui qu'elle aime.

Elle retourne aussi-tôt sur ses pas, & revient en conduisant Inkle par la main.

SCENE VII.

Touché de la beauté de la jeune Américaine, & pénétré de reconnoissance pour le service qu'elle vient de lui rendre, Inkle lui donne des témoignages de l'amour le plus tendre. Jarika est enchantée de voir son amant répondre à sa tendresse. Elle le prend par la main, & le conduit à sa cabane, où elle l'invite à prendre quelque repos, pendant qu'elle ira dans les bois pourvoir à sa nourriture. Elle s'arme de son arc, & s'enfonce dans la forêt, en recommandant à son amant de ne point s'exposer à la fureur des Sauvages, en sortant avant son retour de l'endroit où elle le laisse.

SCENE VIII.

INKLE semble oublier le sort dont il est menacé, pour ne s'occuper que du plaisir de revoir bientôt l'objet de sa tendresse. Enfin, accablé, épuisé de fatigue, il se couche sur une natte de jonc qui est à l'entrée de la cabane, & essaye de prendre quelque repos.

SCENE IX.

Jarika accourt; elle apporte du gibier & des fruits. Arrivée près de la cabane, elle s'arrête tout-à-coup en appercevant Inkle endormi. Elle s'approche en observant de faire le moins de bruit possible, dans la crainte de troubler son repos, s'assied à ses pieds, & le considère avec l'attention la plus affectueuse.

Peu-à-peu Inkle s'éveille. Jarika tressaille de joie; elle se hâte de lui présenter des fruits, & l'engage, de la manière la plus tendre, à en manger. Elle court ensuite à un ruisseau voisin, & lui apporte de l'eau pour le désaltérer.

Un bruit confus se fait entendre au loin. Jarika tremblante pour les jours de son amant, & voyant les Sauvages s'avancer, conduit promptement Inkle dans une grotte voisine pour le dérober à leur poursuite.

SCENE X.

Les Sauvages paroissent. Désespérés de voir que leur ennemi a disparu, & persuadés que la jeune Américaine l'a soustrait à leurs regards, ils se saisissent d'elle, & la menacent de la mort si elle ne leur découvre l'endroit où l'Etranger s'est retiré. Jarika n'est point intimidée de leurs menaces. Les Sauvages ont déjà le sabre levé sur sa tête : prête à recevoir le coup de la mort : plutôt que de trahir son amant, elle se jette à genoux, se couvre les yeux de ses deux mains, & attend courageusement le sort qui lui est préparé.

Inkle paroît à l'entrée de la grotte. Effrayé du spectacle qui s'offre à ses yeux, il rentre promptement dans le creux du rocher.

SCENE XI.

Survient à l'instant le Chef des Sauvages; il leur défend de frapper, & leur ordonne de s'éloigner. Ils obéissent.

SCENE XII.

Il s'approche de Jarika, en l'assurant qu'elle n'a plus rien à craindre. Il l'examine, lui déclare qu'il la trouve belle, & l'engage à s'attacher à lui. Elle lui répond avec franchise qu'elle a déjà donné son cœur, & que rien ne seroit capable de lui faire changer de sentiment.

SCENE XIII.

Plusieurs Sauvages accourent, & annoncent à leur Chef l'arrivée d'un second vaisseau. Il quitte promptement Jarika, en lui disant qu'il va tâcher, par son courage, de mériter le bonheur de lui plaire, & court avec ses compagnons du côté où ils ont apperçu l'ennemi.

SCENE XIV.

Jarika vole à l'endroit où elle a fait cacher son amant. Elle lui apprend l'arrivée d'un vaisseau de sa Nation, l'invite à se rendre avec elle sur le bord de la mer, & lui demande avec les plus vives instances la permission de partir avec lui, si elle parvient à le conduire au vaisseau. Inkle y consent avec plaisir. Ils sortent tous deux par un chemin opposé à celui des Sauvages.

Fin du premier Acte.

ACTE II

Le Théatre repréſente un Payſage aride ; dans le fond, une chaîne de rochers contre leſquels la mer vient ſe briſer. On apperçoit dans le lointain un Vaiſſeau Anglois à l'ancre.

SCENE PREMIERE.

JARIKA conduit Inkle par la main, en prenant toutes les précautions poſſibles pour n'être point apperçue des ſauvages. Arrivés au bord de la mer, elle s'empreſſe de lui montrer le vaiſſeau qu'on apperçoit au loin. Inkle l'ayant reconnu pour un vaiſſeau de ſa nation, s'abandonne aux tranſports de la joie la plus vive, & aſſure l'Américaine de toute ſa reconnoiſſance, pour les ſervices ſignalés qu'elle vient de lui rendre.

Un bruit confus ſe fait entendre. Ce ſont les Sauvages qui viennent reconnoître l'ennemi. Jarika entraîne Inkle parmi les rochers, pour le dérober à leurs regards.

SCENE II.

Dans la crainte d'être surprise par les Anglois, dont le débarquement vient de se faire, le Chef des Sauvages ordonne à ses compagnons de le suivre pour se préparer à les combattre.

SCENE III.

Un régiment Anglois s'avance en bon ordre. Le Capitaine en forme trois divisions, qu'il envoie à à la découverte en différens endroits.

SCENE IV.

Le Chef des Sauvages, qui s'est apperçu de la manœuvre de l'ennemi, fait avancer ses compagnons, dont il forme aussi trois divisions, auxquelles il ordonne de prendre le même chemin que les Anglois.

SCENE V.

Une des trois divisions Angloises revient sur ses pas pour observer les mouvemens des Sauvages; mais elle se reploie bien-tôt sur elle-même pour se mettre en embuscade, & attendre un moment plus favorable de fondre sur l'ennemi.

SCENE VI.

Inkle, qui, dans sa suite avec Jarika, a été rencontré par les Sauvages, arrive, poursuivi par cinq d'entr'eux, qui l'entourent, & contre lesquels il ne lui reste plus aucun moyen de défense.

SCENE VII.

Jarika paroît furieuse, elle s'élance sur un des Sauvages, lui enlève sa massue, & se range à côté d'Inkle, qu'elle couvre de son corps en s'exposant aux coups qu'on lui porte. A cette action fière & généreuse, le courage d'Inkle se ranime ; & joignant ses efforts à ceux de l'Américaine, ils forcent bientôt à eux deux seuls, les quatre Sauvages à prendre la fuite.

SCENE VIII.

Deux divisions Angloises arrivent, poursuivies de près par les Sauvages. Alors la division qui étoit en ambuscade sort & fond impétueusement sur eux & les prennent en flanc. On attaque & on se défend de part & d'autre. La victoire, après avoir resté quelque temps indécise, se déclare enfin en faveur des Anglois. Les Sauvages prennent la fuite, à leur tour, & se retirent en désordre, poursuivis par les Anglois.

SCENE IX.

Un détachement Anglois revient en conduisant une troupe de Sauvages qui ont été faits prisonniers, & qui sont enchaînés deux à deux. Le Capitaine ordonne qu'on les conduise au vaisseau,

SCÈNE X.

INKLE vient trouver le Capitaine à qui il se fait connoître. Il lui présente Jarika comme une personne qui lui a rendu les plus grands services. Touché de la beauté de la jeune Américaine, le Capitaine devient jaloux du bonheur d'Inkle. Il ordonne à ses troupes de se préparer à une seconde expédition contre les Sauvages. Elles défilent par différens chemins, & le Capitaine, Inkle & Jarika se retirent pour aller prendre quelque repos.

Fin du second Acte.

ACTE III.

ACTE III.

Même décoration qu'au second Acte.

SCENE PREMIERE.

Jarika est endormie au pied d'un arbre. Inkle, assis près d'elle, paroît plongé dans une rêverie profonde.

On entend au loin deux coups de canon qui partent du vaisseau.

Inkle se lève, en observant de faire le moins de bruit possible, dans la crainte d'éveiller Jarika, & fait quelques pas du côté de la mer.

SCENE II.

Le Capitaine, accompagné de quelques soldats, vient avertir Inkle que le vaisseau va bientôt mettre à la voile. Jarika endormie frappe ses regards. Il s'en approche & paroît indécis sur le parti qu'il doit prendre. Un soldat qui croit s'appercevoir de ce qui se passe dans son ame, lui propose d'enchaîner l'Américaine, & de la conduire sur son bord. Le Capitaine hésite.

SCENE III.

Inkle revient sur ses pas. Etonné de l'action à laquelle se dispose le soldat, il veut en témoigner son ressentiment au Capitaine, lorsque celui-ci lui présente une bourse, en lui proposant de lui vendre Jarika comme esclave. Inkle hésite, le Capitaine s'en apperçoit & profite de cet instant pour le décider, en lui mettant une seconde bourse dans la main. Ebloui par la quantité d'or que renferment les deux bourses, & vaincu par les instances du Capitaine, Inkle consent enfin à abandonner celle qui lui a sauvé la vie en exposant plusieurs fois la sienne.

Le soldat saisit cet instant pour passer, avec beaucoup de précaution, un anneau de la chaîne au bras de Jarika, dans la crainte de l'éveiller.

SCENE IV.

Le Chef des Sauvages paroît sur le haut d'un rocher, & examine avec l'attention la plus marquée ce qui se passe.

Jarika s'éveille, apperçoit Inkle à quelques pas d'elle, se lève précipitamment, & court à l'objet de toute sa tendresse. Elle veut le serrer dans ses bras; la chaîne dont est chargée sa main frappe ses regards; interdite, effrayée, ses yeux se fixent sur ceux d'Inkle, qui dans l'instant détourne les siens, & semble vouloir se dérober à sa vue. L'infortunée Américaine ne peut se persuader que son amant soit assez lâche pour l'avoir vendue à son ami. Elle veut se jetter à ses genoux; mais Inkle, en s'éloignant, lui déclare que tout est rompu entr'eux, & qu'elle appartient au Capitaine. Tremblante, les yeux baignés de larmes, elle tend les bras vers son amant; sa douleur lui laisse à peine la force de se soutenir; elle ne cherche plus qu'à exciter du moins sa compassion.... Inkle est inflexible, & le Capitaine ordonne à Jarika de se préparer à le suivre.

Le Chef des Sauvages, révolté de cette atrocité, se retire en se promettant d'en tirer une prompte vengeance.

SCENE V.

On vient annoncer au Capitaine qu'il n'est point en sûreté dans cet endroit; que les Caraïbes reprennent les armes, & se disposent à recommencer le combat. Il remet l'Américaine entre les mains de quelques soldats, en leur ordonnant de se rendre promptement au vaisseau, & se retire avec Inkle.

SCENE VI.

Le Chef des Sauvages paroît. Ses compagnons arrivent de différens côtés. Il les rassemble, les range en pelotons, se met à leur tête, & court à l'ennemi qui se dispose à se rembarquer.

SCENE VII.

Une troupe de Femmes sauvages arrive. Elles semblent craindre les suites du combat qui se prépare; elles regardent au loin, & annoncent par leur différens mouvemens l'impression de crainte ou d'espérance que fait sur elles le combat dont le bruit se fait entendre dans le lointain : peu-à-peu ce bruit augmente les combattans s'approchent, & les femmes se retirent.

SCENE VIII.

UNE troupe de Sauvages revient sur ses pas, poursuivie par un détachement anglois. Ils s'enfoncent dans la forêt.

SCENE IX.

QUELQUES femmes sauvages reviennent & paroissent dans la plus cruelle agitation.

Arrive le Chef, tenant la jeune Américaine d'une main, & son sabre de l'autre. Il lui ôte ses chaînes, lui rend généreusement la liberté, & la remet entre les mains des femmes sauvages pour veiller à sa sûreté.

SCENE X.

INKLE accourt pour reprendre Jarika. Il fond impétueusement sur le Chef des Sauvages; les femmes se retirent & emmennent l'Américaine presque malgré elle.

Il se livre un combat vif & opiniâtre entre Inkle & le Chef; celui-ci est sur le point d'être victorieux; Inkle commence à s'affoiblir.

SCENE XI.

Survient tout-à-coup le Capitaine, qui se joignant à Inkle, rend la partie trop inégale pour que le Chef puisse résister plus long-temps. Il est au moment d'être massacré, lorsqu'arrive aussi-tôt une troupe de Sauvages qui le dégage, & enveloppe Inkle qui est fait prisonnier & que l'on entraîne.

SCENE XII.

Le Capitaine qui a trouvé le moyen de se débarrasser, reparoît sur le champ à la tête d'un détachement de ses troupes; mais trouvant une résistance opiniâtre dans le Chef & ses compagnons, il est enfin obligé de céder & de prendre la fuite.

SCENE XIII.

Les Sauvages restés maîtres du champ de bataille, se rassemblent & se remettent en ordre.

L'instant d'après, on entend quelques coup de canon qui annoncent le départ du vaisseau.

Un Sauvage vient annoncer que les ennemis ont disparus, & que leur vaisseau vient de mettre à la voile.

Les Sauvages demandent au Chef la mort d'Inkle, pour les venger des incursions & des cruautés des Anglois. Il la leur promet, & se retire avec eux.

SCENE XIV.

Jarika réduite au désespoir par la perfidie de son amant, quitte les femmes qui tâchoient d'adoucir ses chagrins, & vient chercher quelque endroit écarté où elle puisse, en liberté, se livrer tout entière à sa douleur.

Une fête bruyante qui s'annonce au loin, & qui paroît s'approcher, l'oblige à se retirer.

SCENE XV.

Marche composée de Sauvages, hommes & femmes. Ils arrivent en dansant. On prépare le poteau où doit être attaché le prisonnier.

Inkle enchaîné, est conduit par quatre Sauvages, dont deux sont armés, l'un d'un scapel, & l'autre d'un casse-tête.

Cérémonies ordinaires des Sauvages lorsqu'ils se disposent à faire mourir un prisonnier.

Il est conduit & attaché au poteau. On allume le feu. Le Chef est au moment de donner le signal pour commencer les tourmens qu'ils ont coutume de faire souffrir à leurs prisonniers, lorsque Jarika éperdue, accourt & lui retient le bras. Elle le supplie avec les plus vives, les plus tendres instances de lui accorder la grace de son perfide amant. Le Chef, après avoir hésité sur le parti qu'il doit prendre, finit par la lui refuser. Voyant que ses prières sont vaines, elle s'éloigne, tire un poignard & menace de se donner la mort, s'il ne lui accorde pas sa demande. Le Chef, effrayé de son action, court à elle, la désarme, & lui reproche son amour pour un traître qui, pour prix de sa tendresse a eu la cruauté de la livrer à l'esclavage. Pour toute réponse, Jarika tombe à ses genoux & redouble ses instances. Le Chef attendri, touché de la générosité de la jeune Américaine, pour laquelle il conserve toujours la passion la plus vive, se laisse fléchir, & lui accorde enfin la grace qu'elle demande.

Tous les Sauvages font un mouvement de mécontentement; mais le Chef, d'un seul regard, leur en impose & les réduit au silence.

Jarika tressaille de joie, elle vole à son amant, & lui ôte avec le plus vif empressement ses chaînes. Elle les considère un instant, frémit en se rappellant que ce sont les mêmes dont on s'est servi, lorsqu'il l'a vendue au Capitaine, & les jette au loin avec effroi.

INKLE confus, humilié de trouver tant de générosité dans une femme qu'il a si cruellement outragée, tombe à ses genoux qu'il veut embrasser. Elle frisonne, le repousse avec dédain, en lui faisant sentir quelle différence elle met entre l'infamie de sa conduite & la noblesse de celle du Chef des Sauvages. Elle *voue une haine éternelle à lui & à sa nation*; offre sa main au Chef, qui la reçoit avec la plus vive reconnoissance, & ordonne froidement à Inkle de s'éloigner. Il veut essayer de la fléchir, mais quelques Sauvages s'avancent & le contraignent à se retirer. Il part, le cœur déchiré par ses remords.

Les Sauvages témoignent par un geste qu'ils approuvent l'Américaine & leur Chef; ils se livrent à la joie, & se préparent à célébrer leur union.

Un divertissement général termine la Pantomime.

Lu & approuvé pour la représentation de la Pantomime, & l'impression du Programme, le 4 Mars 1786.

STUARD.

Vu l'approbation, permis d'imprimer. A Paris, ce 4 Mars 1786.

DECROSNE.

De l'Imprimerie de la Veuve BALLARD & Fils, rue des Maturins.

www.ingramcontent.com/pod-product-compliance
Lightning Source LLC
Chambersburg PA
CBHW070457080426
42451CB00025B/2775